The Goddesses of Tamra

탐라의 여신들

바람의 여신과 도깨비 섬

탐라의 여신들
바람의 여신과 도깨비 섬

1판 1쇄 인쇄 2019년 5월 30일
1판 1쇄 발행 2019년 6월 7일

글·그림 이우영

펴낸이 정중모
펴낸곳 파랑새

편집 서경진, 조정우 | 디자인 권순영
마케팅 E-biz 김선규, 서명희 | 제작 윤준수
경영지원 이원희, 허유정, 원보람

등 록 1988년 1월 21일(제406-2000-000202호)
주 소 경기도 파주시 회동길 152
전 화 031-955-0670 | 팩 스 031-955-0661~2
홈페이지 www.bbchild.co.kr | 전자우편 bbchild@yolimwon.com

ⓒ이우영, 2019
ISBN 978-89-6155-770-2 77210

· 책값은 뒤표지에 있습니다.
· 저자와의 협의에 의해 인지를 생략합니다.
· 저작자와 출판사의 허락 없이 이 책의 일부 또는 전체를 인용하거나 발췌하는 것을 금합니다.

· 이 책은 한국만화영상진흥원의 지원을 받아 제작되었습니다.

어린이제품안전특별법에 의한 제품 표시
제조자명 파랑새 | 제조년월 2019년 6월 | 제조국 대한민국 | 사용연령 7세 이상

The Goddesses of Tamra

탐라의 여신들

바람의 여신과 도깨비 섬

Wooyoung Lee 글·그림

파랑새

작가의 말

딸들이 아버지에게 말합니다.
"아버지, 오늘만요. 네?"
아버지가 말씀하십니다.
"다 큰 처녀가 밤늦게 어딜 싸돌아 다녀! 절대 안 돼!"
하지만 딸들은 좋아하는 외국 가수의 콘서트에 너무나 가고 싶었습니다. 그래서 차마 미련을 버리지 못하고, 아버지가 막걸리를 드시고 주무시는 사이 집을 빠져나갔지요. 실컷 콘서트를 즐겼지만 아버지가 역정을 내실까 돌아오는 발걸음이 무겁습니다.
아니나 다를까 아버지는 문 앞에서 지키고 계셨습니다. 딸들이 주저하는 사이 조용히 부지깽이를 집어 드십니다. 조마조마한 마음으로 지켜보시던 어머니는 황급히 아버지 손을 그러쥐며 딸들에게 외치십니다. '느그들, 빨리 도망가라이!'
딸들은 눈물을 머금고 도망갑니다. 그러면서 생각합니다. '아들로 태어났으면 이렇게 야밤에 뛸 일은 없었을 텐데…….'라고.
우리 옛 시절 실제로 일어났던 이야기들입니다. 지금도 별반 다르진 않지요. 아들에게는 그렇지 않으면서 딸들에게만 이른 시간에 귀가하기를 종용하는 어른들이 계시니까요. 귀한 딸을 아끼는 마음은 이해되기도 하지만, 많은 여성들이 차별을 겪는 것은 이런 일상의 작은 부분에서 시작되는 것이겠지요.

오랜 시간 동안 여성들은 보호받아야 하는 대상으로 여겨져 왔습니다. 현대에 와서야 그런 차별 의식이 많이 개선되어, 남자들만의 영역이라고 여겨지던 직업군 속에서도 여성들이 당당히 일하고 있지요. 그런데 그거 아세요? 원래 고대의 여성들은 현대의 여성들과 마찬가지로 단순히 수동적인 존재가 아니었습니다. 매우 진취적이고 독립적인 삶을 살았지요.

이런 고대 여성들의 힘은 인문, 사회, 과학, 철학 등 모든 학문의 원천이며, 출발점인 신화 속에서 잘 나타납니다. 우리에겐 한국 신화의 최고 여신으로 칭송받는 바지왕(총명부인)을 비롯해 너무나 익숙한 삼신할미까지, 수많은 여신들이 있지요. 이 만화는 그중에서 특히 척박한 환경인 탐라, 지금의 제주도의 여신을 소재로 삼았습니다. 여기 이 책 속에서 우리 여성 신, 영등의 활약상을 지켜봐 주시기 바랍니다.

저주받은 섬을 구하기 위해 전설의 영웅 마우이와 모험을 떠나는 '모아나' 이야기가 디즈니뿐 아니라 우리 탐라에도 있음을 발견하시길 기원하며.

저자 이우영

차례

작가의 말

프롤로그　8

등장 인물　16

1화 할머니는 해녀!　18

2화 신들의 고향, 제주!　32

3화 돌이의 탄생　50

4화 할망의 죽음! 76

5화 바람의 여신, 다시 태어나다 100

6화 운명은 바람을 타고 124

마감후기 160

부록 : 제주의 바다를 지키는 바람의 여신 "영등할망" 164

프롤로그 ■ 우리 신화, 넌 얼마나 아니? ■

등장인물

오늘이와 내일이
제주도에 사는 할머니를 무척 사랑하는 남매. 할머니에게서 영등할망 이야기를 듣고 제주 신화의 매력에 푹 빠진다.

할머니
제주도에서 오랫동안 해녀로 살아오신 오늘이와 내일이의 할머니. 인자한 성품으로 손주들을 아끼고 사랑해 주신다.

영등할망
천지옥황과 지부천황의 누이, 바람과 비의 여신. 인간 세계, 특히 제주를 사랑하여 자주 오가다 아이를 키우는 제주어멍들에게 부러움을 느껴, 바닷가의 현무암 돌덩이로 영등돌이를 만들어 낸다.

영등돌이
영등할망의 아들로 세상 곳곳을 오가며 인간계를 사랑하는 영등할망에게 소식을 전하는 꾀돌이. 할망이 애지중지하는 덕에 버릇없고 제멋대로인 개구쟁이로 컸지만 외눈박이 괴물에게 잡힌 어부들을 살려 주는 등 착한 일도 많이 한다.

지부천왕
땅 밑 지하 세계를 다스린다. 인간 세계를 동경하는 영등할망을 늘 꾸짖으며 못마땅해 한다. 어머니의 죽음에 절망하여 죽으려는 영등도령을 구한 후 외눈박이 괴물들과 싸울 수 있도록 돕는다.

외눈박이 도깨비들
원래는 착한 어부들이었으나 바다에서 억울하게 목숨을 잃고 저승에 가지 못했다. 도깨비가 되어 외눈박이 섬에 살며 바다에서 길 잃은 사람들을 잡아먹는다.

1화 할머니는 해녀!

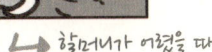
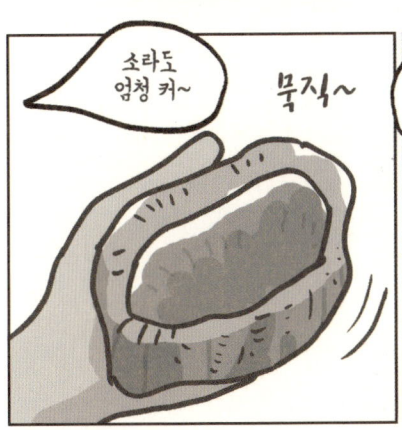

*숨비소리 해녀들이 물질을 마치고 수면 위로 올라와 가쁘게 내쉬는 소리

오늘이의 제주 일기

제목 : 강인한 제주 해녀

오늘 엄마 아빠와 제주 '하도리'에 있는
해녀 박물관에 갔다 왔다.
벽에 이런 글이 써 있었다.
'잠녀는 아기 낳고 사흘이면 물에 들어간다'
제주 해녀의 강인한 생활력을 표현한 말인 것 같다.
제주에서는 남자들이 배 사고로 죽거나 하는 일이 많아
남은 과부들에게도 물질을 해야 하는 의무가 생겼고
그 일이 고되어 사고를 당하는 해녀가 많았다고 한다.
해녀가 토해 내는 숨비소리는 어쩌면 힘든
나날의 탄식이 아니었을까?
우리 할머니가 너무 존경스럽다.

2화
신들의 고향, 제주

*목사 조선 시대 '목'이라는 행정구역을 다스리던 관리

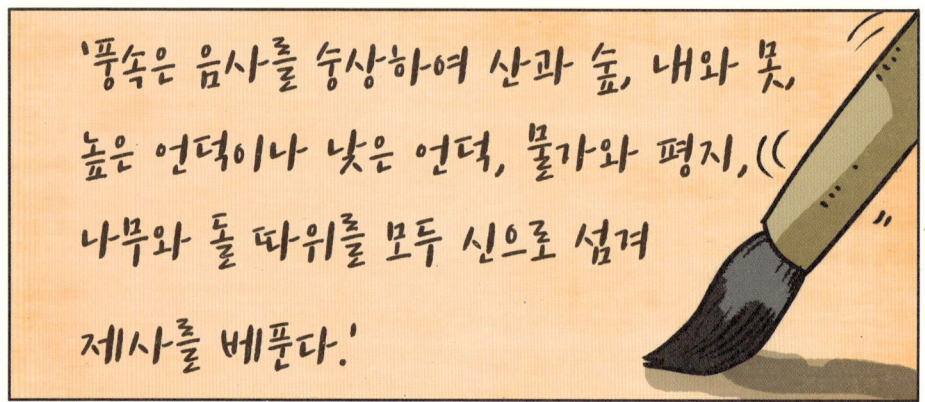

*혼저 옵서예 '어서오세요'의 제주도 방언

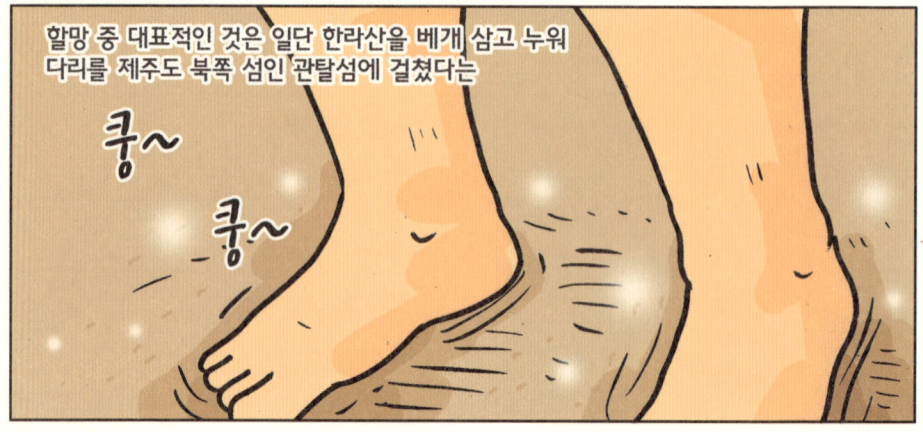

그리고 바람의 여신 영등할망 등 제주에는 여러 할망이 계시단다.

오늘이의 제주 일기

제목 : 여걸 할망들!

제주도에는 신들이 굉장히 많아서
그 수가 무려 1만 8천이나 된단다.
정말 신들의 고향이 맞나 보다.
제주인들은 신화를 통해 문화적 상상력과
정서, 미의식, 그리고 독특한 기질을 표현한다고 한다.
거인족 여신이자 창조신 '설문대할망'이
제주를 만들었다고 전해지는데
설문대할망이 오줌을 싸서 온갖 해산물을 쏟아 내어
바다밭을 일궜고, 그로부터 해녀의 섬이 되었단다.
그 외에도 여러 할망들이 많다.
제주는 여자들의 힘이 쎈 섬인가 보다.

3화 돌이의 탄생

오늘이의 제주 일기

제목: 바람을 몰고 오는 영등할망

제주도를 따스한 남쪽 나라 정도로 아는 친구들이
있다. 그 친구들에게 내가 해 주고 싶은 이야기는
'속살까지 파고드는 매운 바람에 눈발까지 맞아
보면 생각이 달라질걸'이라는 거다. 바람이
세기로 유명한 고산리는
바람의 빠르기가 초속 60m나 된다니
나 같은 아이는 날아갈까 무섭다.
제주는 그야말로 '바람 타는 섬'이다.
나무들도 그 바람을 이기고 생존하느라 바람 반대
방향으로 제 몸을 굴절시켰다. 어른들은 그런 나무를
풍향목이라고 알려 주셨다. 바람을 몰고 오신다는
바람의 신, 영등할망님.
부디 견딜 수 있을 만큼의 바람만 주세요.

4화
할망의 죽음!

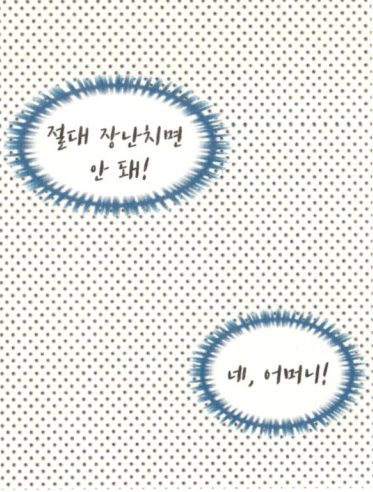

어, 어머니!

돌아! 어서 몸을 피하거라!

으헤헤헤헤~

악!!

오늘이의 제주 일기

제목: 일본 도깨비 '오니'와 한국 도깨비

이럴수가! 영등할망이 외눈박이 도깨비들에게
죽임을 당하고 말다니! 주인공이 죽으면 안되는 거
아닌가? 정말 예상 외의 반전이었다.
도깨비들도 원래 어부였는데 왜 하필 도깨비가
된 건지 그것이 알고 싶다. 그나저나 혼자 남은
영등돌이가 잘 살아야 할 텐데 걱정 걱정ㅠㅠ
우리나라 도깨비들은 복장도 정감 있고 장난은
치지만 남을 해치지 않는다는데 외눈박이 도깨비는
영등할망을 해치다니 크게 벌을 받았으면 좋겠다.

5화
바람의 여신
다시 태어나다

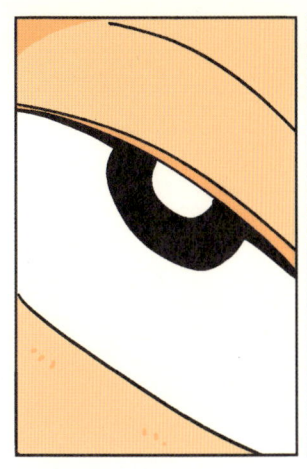

안녕~
너 효녀라며?

돌이 너도
효자라지?
호호호~

오늘이의 제주 일기

제목: 영등돌이와 바라데기

엄마를 살리겠다고 지옥으로 가는 영등돌이를 보며, 문득 바리데기 설화가 생각났다. 딸만 여섯인 왕가의 일곱째 딸로 태어난 바리데기는 아들이 아니라는 이유로 아버지인 왕에게 버림을 받고 노부부 손에서 예쁜 아가씨로 키워진다. 어느 날 자신을 버린 왕과 왕비가 죽을 병에 걸렸단 소식을 들은 바리데기는 궁으로 향한다.
그 병을 고치기 위해선 죽은 사람들이 사는 '서천'이라는 곳에 가야 하지만 왕실에서 자란 여섯 언니는 모두 서천에 가기를 거부한다. 결국 많은 우여곡절 끝에 홀로 서천에 도착한 바리데기는 9년 동안이나 열심히 일한 끝에 병을 치유할 수 있는 약을 받아 낸다. 그 약을 먹고 왕과 왕비는 살아날 수 있었고 바리데기는 가족들과 행복하게 살다가, 죽어서는 서천을 향하는 망자들을 이끌어 주는 바리데기 별이 되었다는 이야기다.
영등돌이와 바리데기는 참으로 효심 깊은 한쌍이다.

6화
운명은 바람을 타고

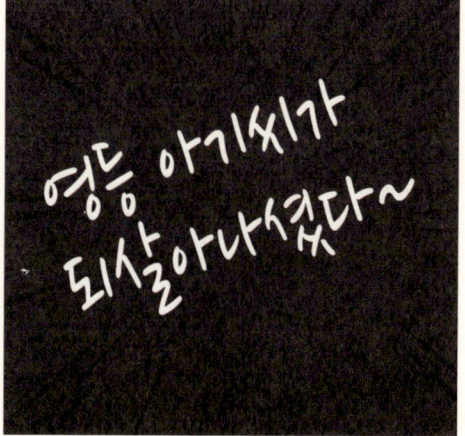

어머니가 다시 젊어지셨다!

하하하~

하하하하~

하하하하하

호호~

진즉에 저승으로 왔어야 할 혼들이 바다에 머물며 인간들을 괴롭혔다. 이제 이들을 데려가겠다.

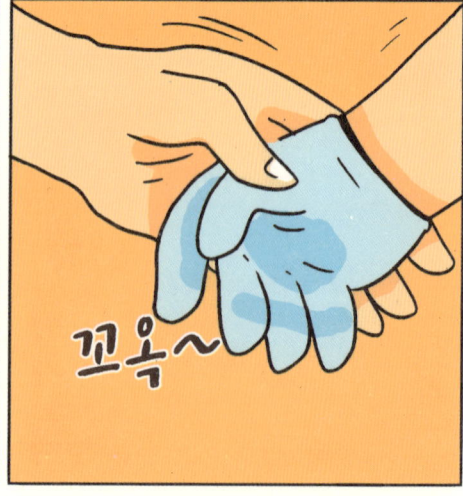

오늘이의 제주 일기

제목: **떠나요, 옛이야기 속으로**

제주도는 참 멋진 섬이다. 아름다운 바다와 바람,
그리고 돌. 화산섬 제주를 더욱 돋보이게 만들어 주는
한라산과 오름. 이런 매력에 빠져 먼 외국에서도
제주도를 찾는 것이겠지? 거기에다 그리스 신화 못지않은
1만 8천명 신들의 이야기까지 더해지니 하루나 이틀
머물고 가기에는 제주는 너무도 풍성한 섬인 듯하다.
아는 만큼 보인다고 이제는 제주의 바람이 그냥
무심히 지나치는 공기의 흐름이 아닌 '오늘이 안녕?'
하며 인사하시는 영등할망의 손길로 느껴진다.
영등할망과 돌이는 오늘은 어디쯤에 계실까?

자청비, 선문대할망 등 다른 여신들은 또 어떤 신기한
이야기를 품고 계실지 그것도 참 궁금해진다.

마감후기

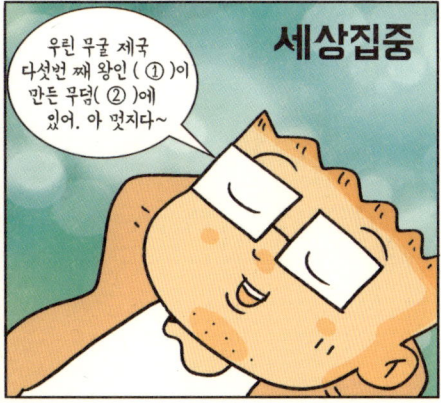

부록  제주의 바다를 지키는
바람의 여신 "영등할망"

제주도의 1만 8천 명의 신들

제우스, 아폴론, 아프로디테, 아테나, 포세이돈……. 어디선가 한번쯤 들어 본 이름들이지요? 맞아요. 모두 그리스, 로마 신화 속 신들의 이름이에요. 게임이나 만화 영화, 동화에도 많이 등장해서 어린이 여러분도 아주 익숙할 거예요.

그런데 혹시 우리나라에도 그리스, 로마의 신들 못지않게 멋지고 훌륭한 신들이 많이 있다는 거 알고 있나요? 대별왕 소별왕부터, 서천꽃밭의 꽃감관, 바리데기, 자청비에 이르기까지 무수히 많은 신들이 우리가 사는 이 땅에도 존재했답니다.

특히 우리가 이 책에서 살펴본 제주도에는 1만 8천여 명에 이르는 어마어마하게 많은 신들이 인간들과 함께 살아 숨 쉬었다고 해요. 마을을 지켜 주는 마을신부터, 집안을 다스리는 집안신, 한라산을 지키는 신, 바람을 몰고 오는 신에 이르기까지 각자 하는 일도 다양하지요. 이렇게 다양한 신들은 서로 각자의 위치에서 열심히 자신의 역할을 하며, 착한 사람들에게 복을 주기도 하고 나쁜 사람들을 벌하기도 했답니다.

특이한 점은 제주에는 육지와 다르게 남자 신보다는 여자 신이 더 많았다고 합니다.

이처럼 여신이 많은 이유는 첫째, 제주도에 워낙 여자가 많았기 때문이고 둘째, 제주 해녀들이 그런 것처럼 여자들이 거친 바다와 싸워 이겨 내야 하는 경우가 많았기 때문이라고 합니다. 아마도 그래서 우리의 주인공인 '영등할망'도 제주 사람들의 마음속에서 바람처럼 불어나온 것이겠지요.

매년 2월 제주를 찾아오는 '영등할망'

영등할망은 제주도, 혹은 일부 육지의 해안 지역에서 믿었던 바람의 여신이에요. 영등할망을 또 다른 이름으로 '2월할만네'라고 부르기도 하는데요. 그 이유는 옛날 사람들이 영등할망이 주로 음력 2월에 제주도를 찾아와 해녀들을 도와주고, 고기를 잘 잡히게 해 주며, 농사도 풍년이 들게 도와준다고 생각했기 때문이에요.

영등할망이 2월 한 달 동안 열심히 사람들을 돕고 다시 본래 있던 나라로 돌아갔기 때문에 사람들은 2월을 '영등달'이라고도 불렀답니다. 여기서 본래 있던 나라는 강남천자국이라고 불리는 천국이라는 설도 있고, 외눈박이 도깨비들이 사는 외눈박이 섬이라는 설도 있어서 확실하게 알 수는 없대요.

영등할망이 제주도를 찾아오는 2월에는 날씨가 너무나 변화무쌍해서 제주 사람들은 영등할망이 왔다는 걸 아주 쉽게 알 수 있었다고 해요. 이때가 되면 영등할망이 몰고 온 바람이 제주도 위로 쌩쌩 불기 때문에, 너무너무 추워서 견딜 수 없는 날도 더 많아진다고 해요. 비도 평소보다 더 많이 내리고요. 그래서 영등달이 되면 사람들은 배를 함부로 띄우지 않고, 빨래하는 일도 자제했다고 합니다.

또, 제주 사람들은 날씨를 보고 영등할망의 그날의 패션을 맞추기도 했답니다. 날씨가 맑은 날에는 영등할망이 푸른 치마를 입은 것이고, 비가 오는 날에는 우산을 쓰고 온 것이고, 추운 날에는 솜이 들어간 누비옷을 입었다는 식으로요. 재미있죠?

이렇게 보면 정말로 영등할망은 제주의 자연환경과 제주도 사람들과 운명을 함께해 온 친구처럼 친숙한 여신이었던 것 같네요.

영등굿과 약마희

제주도에서는 영등할망이 찾아오는 음력 2월에 마을 사람들이 모여 '영등굿'이라고 하는 제사를 지냈다고 해요. 주로 영등할망에게 물고기를 많이 잡게 해 달라고 빌거나, 해녀들이 전복, 해삼 등을 많이 따고 무사하기를 비는 의식

이었지요. 마을에 따라서는 영등할망이 제주도를 찾는다는 2월 초하룻날에 지내는 제사를 '영등환영제'로, 영등할망이 강남천자국으로 돌아간다는 2월 15일 경에 지내는 제사를 '영등송별제'로 구분해 부르기도 했답니다.

기록에 따르면, 이 영등굿에서는 '약마희'라고 하는 민속놀이가 행해지기도 했다는데요. 약마희는 제주의 특징적인 민속놀이 중 하나로 손꼽힙니다. 한때는 약마희(躍馬戲)를 한자 그대로 풀어 '말을 뛰며 하는 놀이' 정도로 추측했다고 해요. 그러나 최근에는 연구에 의해 약마희가 제주에서 흔히 행해지던 떼몰이놀이 즉, '바다에 배를 띄우고 놀던 놀이'라는 설이 더 인정받고 있습니다. 나무나 짚으로 만든 작은 배에 신에게 바치는 제물을 실어 동쪽으로 띄워 보내는 이 놀이는 40~50년 전까지도 제주에서 영등굿 기간 동안 행해졌다고 하네요.